了不起的国家宝藏

古人的生活

有鱼童书 著/绘

化学工业出版社

·北京·

图书在版编目（CIP）数据

了不起的国家宝藏. 古人的生活 / 有鱼童书著、绘. —北京：
化学工业出版社，2023.6（2025.1重印）
ISBN 978-7-122-43144-8

Ⅰ.① 了…　Ⅱ.① 有…　Ⅲ.① 文物-考古-中国-儿童读物
Ⅳ.① K87-49

中国国家版本馆CIP数据核字（2023）第048074号

责任编辑：张　曼
责任校对：宋　夏
书籍设计：尹琳琳

出版发行：化学工业出版社
　　　　　（北京市东城区青年湖南街13号　邮政编码100011）
印　　装：北京瑞禾彩色印刷有限公司
787mm×1092mm　1/16　印张5　字数100千字
2025年1月北京第1版第2次印刷

购书咨询：010－64518888
售后服务：010－64518899
网　　址：http://www.cip.com.cn
凡购买本书，如有缺损质量问题，本社销售中心负责调换。

定　　价：40.00元　　　　　　版权所有　违者必究

亲爱的小朋友，你有没有想过一个问题，博物馆里让人眼花缭乱的文物，最开始被创造出来的时候是国宝吗？它们是古人用来做什么的？

其实，这些国家宝藏，有相当大一部分是古人生活的用品。当它们经过成百上千年后，重见天日，才成为珍贵的文物。

而在当时，它们就是古人日常衣食住行的一部分，充满烟火气息。它们不一定是重要历史的标志，但却是人类不断走向文明的证明，也隐藏着古人生活的"密码"。从这些国宝身上，你能穿越时空走进古人的生活，它们会与你探讨有趣的问题：

远古时期人们用什么狩猎？

奇怪的小口尖底瓶是用来做什么的？

最早的锅灶是什么样的？

古人也用勺子和筷子吃饭？

2000 多年前的"冰箱"长什么样？

古滇国贵族的存钱罐里为什么藏的是贝壳？

古人的"摇钱树"上有钱吗？

"天下第一奇画"里画了什么？

皇帝为什么对一套"农耕连环画"情有独钟？……

看了这些问题，是不是有些迫不及待想继续往下读了呢？让我们跟随文物宝贝，去感受古人热气腾腾、充满智慧的生活吧！

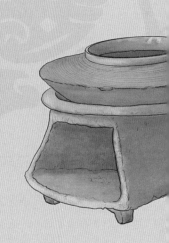

了不起的
国家宝藏

古人的生活

远古时期人们用什么狩猎？

远古时期的人们为了获取食物，每天要在山林中采集、狩猎，非常辛苦。那时候没有猎枪，他们狩猎的工具很简单，最初就是靠一根根削得尖尖的木棒捕猎野兽，填饱肚子。

可是，作为骄傲的"职业猎人"，他们不免觉得这样打猎太费劲了，经常会因为无法对抗野兽而饿肚子。后来，人们在木棒的基础上发明了一种复合型工具——将打磨锋利的石器固定在木棒或竹竿的前端，这个锋利的石器被称为石矛。

石矛比之前的木棒厉害多了！别看石矛不太起眼，它可是原始狩猎技术进步的重要标志。外形粗拙的石矛，不仅是采集狩猎、抵御野兽的重要工具，还是当时使用率很高的格斗武器呢。原始氏族部落之间时常会发生战争，石矛是他们的重要武器，也是诞生最早的石兵器。

早期的石矛比较短，大约在 10 至 15 厘米，随着制作水平的提高，有的增长到 15 至 25 厘米。中国国家博物馆就收藏了一长一短两支石矛。后部捆绑在长木柄上，就可以用于狩猎或抗敌。因为具有双重功能，石矛在石器时代非常受欢迎。后来，人们慢慢学会了冶炼青铜，石矛才逐渐被铜矛代替。

远古时期的原始森林里有很多野兽，河里的鱼儿也很多，除了打猎以外，古人还学会了捕鱼。可是，当时没有渔船也没有渔网，他们是怎么捕鱼的呢？原来，人们发明了一种叫渔镖的捕鱼工具，这可比"徒手摸鱼"强多了。因为渔镖大多是用动物肢骨磨制而成的，所以又被称为骨渔镖。

渔镖的外形就像一根长着倒刺的箭，这些尖利的刺就是它的"独门武器"，不管是大鱼还是小鱼，一旦被渔镖击中，就会被牢牢地挂在倒刺上，想逃走可不容易。

和石矛一样，骨渔镖也是复合型工具，需要固定在长木柄或竹柄上使用。一般分为死柄渔镖和脱柄渔镖。死柄渔镖是将渔镖固定在木柄上使用；脱柄渔镖是在木柄或竹柄上钻好孔再将渔镖插进去。对于后者，当鱼被刺中时，在水里挣扎，会导致镖与柄脱离，鱼越挣扎刺得就越深，使鱼难以逃脱。

骨渔镖体形小巧，长度在 7 至 8 厘米，重量在 20 至 30 克之间。根据需要，一般会设计成单边倒刺或双边倒刺，刺越多威力越强，有少数渔镖为了增强杀伤力，制造三四个倒刺，撞上这种渔镖，鱼儿就只能乖乖投降了。

无论是狩猎工具石矛还是捕鱼用的骨渔镖，都是古人了不起的发明，反映了他们在漫长的荒野生活中的生存智慧。小小的工具，大大地推动了人类文明的进步。

石器时代

石器时代是考古学上人类历史的最初阶段，从人类出现起直到青铜器时代开始为止，历时二三百万年。在石器时代的最后一个阶段，由于人类掌握了更多的器具制造技能，包括磨制石器、陶器等，所以这段时间被称为"新石器时代"。新旧石器时代区分的标志为，旧石器时代以

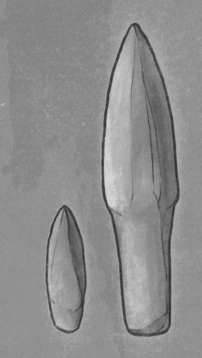

石矛

年代：新石器时代后期

尺寸数据：长者长 23.3 厘米

发现地：广东博罗县角洞

收藏地：中国国家博物馆

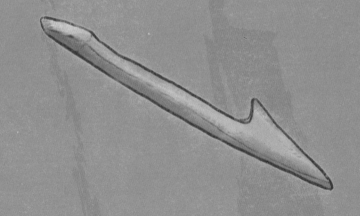

骨渔镖

年代：新石器时代

尺寸数据：长 12.6 厘米

发现地：吉林农安县左家山

收藏地：中国国家博物馆

打制石器为主，新石器时代以磨制石器为主。中国大约在八九千年以前开始进入新石器时代，仰韶文化、马家窑文化、大汶口文化、龙山文化等，都是新石器时代的重要文化。

石球

旧石器时代的全职猎人，狩猎工具可不止石矛一种，还有其他厉害的工具，石球就是其中之一。1976 年在山西许家窑出土了大量的石球，这些石球是古时重要的劳动工具，既能敲击，还能用于狩猎。

体积大的石球可直接用来投掷野兽，与今天的掷铅球类似，还可以系在绳子上作为绊兽索。体积中小的石球可放在兽皮或植物纤维做成的兜里作为飞石索。当野兽被击中或被缠住脚后，猎人就可以进行围捕啦。别看石球体积小、重量轻，威力可不小呢！有时能射出 50 至 60 米远，连野马这样的动物都能击中。

弓箭

大约在旧石器时代晚期，古人为了适应新的环境，发明了更厉害的狩猎工具——弓箭，远远地就能击中奔跑的动物，大大提高了捕猎效率。石镞（zú）就是用石片制成的，一端有锋利的尖，另一端夹嵌在木杆上组成箭，是具有划时代意义的石器。

小口尖底瓶是用来做什么的？

在遥远的古代，古人把黏土和水混合成黏糊糊的泥团，再用灵巧的双手捏制出各种各样的造型，放在火上烘烤，烤好后就变成了盆、碗、壶、罐等陶器，整个过程就像变魔术一样。这些陶器在新石器时代大量出现，是人类了不起的发明创造，也是当时人们的主要生活用具之一。在公元前5000年至前3000年的仰韶文化遗址中出土了大量形态各异的陶器，其中有一件小口尖底陶瓶特别有意思。

这个瓶子大约有6000岁了，它的形状很独特，瓶口小小的，脖子短短的，肚子却鼓鼓的，肚子两边长着两只对称的耳朵，再加上尖尖的底部，看起来就像是穿着红色斜纹衣服、踮起脚尖翩翩起舞的舞者。这样精美的瓶子是做什么用的呢？专家们为此争论不休，提出了各种各样的说法，大多数人认为这是古人取水用的工具。

聪明的古人在瓶子的双耳上系上绳子，将空瓶子放入河里，由于重心在瓶子的中上部，瓶子会躺下，往胖胖的肚子里咕嘟咕嘟装水。

小口尖底瓶

　　水满后瓶子的重心会移到中下部，瓶子又会自动站立起来，这时人们就可以拉起绳子将瓶子提上来了。由于瓶口小，在背回家的路上，水也不容易泼洒出来。

　　也有学者认为，小口尖底瓶有可能是装酒的酒器。因为勤劳的仰韶人早在几千年前，就已经在肥沃的土地上种出了粮食。后来，随着生产的粮食越来越多，人们就用剩余的粮食掺上山药等块茎植物和薏苡（yì yǐ），酿出了香浓的谷芽酒。

　　由于当时酿酒水平有限，这种谷芽酒酒精含量又很低，极容易变质，于是如何把美酒保存久一点就成了一个大大的难题。为了解决这个难题，人们发明了尖底瓶。由于瓶口狭小，减少了酒与空气的接触面积，装满酒后再将瓶口严严实实地封好，这样就能有效地预防酒变质了。在酿酒的过程中，尖尖的瓶底方便酒糟沉淀，也便于将瓶子插进土里固定。

　　除了取水工具和盛酒器之外，还有人认为小口尖底瓶是礼器、祭祀神器等。古人的世界充满了神秘色彩，真希望有一天，关于它的谜底能真正被揭开。

　　小口尖底瓶是仰韶文化中具有代表性的陶器，流行了近两千年。随着制陶技术的不断提高，古人又进行了创新，创造出更多好用又好看的陶器样式。既美观又实用的小口尖底瓶不仅是土与火的结晶，更是原始先民丰富想象力与精湛技艺的结晶。

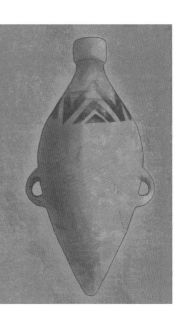

小口尖底瓶

年代：新石器时代·仰韶文化（距今约6000年）

材质：陶质

尺寸数据：高46.2厘米，口径5.7厘米

发现地：陕西宝鸡北首岭

收藏地：中国国家博物馆

文博小课堂

仰韶文化

仰韶文化是中国新石器时代的文化，其年代为公元前5000年至前3000年。仰韶文化属母系氏族时期，因在河南渑池仰韶村发现而命名。仰韶文化遗址分布在黄河中上游地区。由于出土文物中常有彩陶，所以曾被称为"彩陶文化"。

古人什么时候
学会了种植和加工稻米？

靠打猎和采集为生的古人发现采集、狩猎太辛苦，而且面临着很多危险，有时候忙活一天也填不饱肚子，这可怎么办呢？

经过不断摸索和试验，古人学会了根据植物的生长规律，在不同地域种植不同农作物。勤劳的古人开垦一片片荒地，成功培育出世界上最早的黍、粟和水稻。在我国长江流域的河姆渡文化遗址中就出土了大量的炭化稻谷，在黄河流域的半坡遗址中还发现了装粟的陶罐和炭化的粟。

不过，无论是粟还是稻谷，表皮都有一层坚硬的壳，吃起来太粗糙了。于是，古人发明了石磨盘和石磨棒。

石磨盘和石磨棒这对形影不离的好朋友是新石器时代重要的农具，目前已经在全国很多个地方发现了它们的身影。这些出土的石磨盘个头大小不等，长约 52 至 74 厘米，宽约 21 至 31 厘米，石磨盘有圆形、方形等不同形状，有的下面有足，有的没有，石磨棒有圆柱形和扁圆柱形两种形状。

中国国家博物馆收藏了一套石磨盘和石磨棒，它们是 1978 年在河南新郑裴李岗文化遗址出土的。这套石磨盘和石磨棒的组合工艺精致，石磨盘的底部有四只圆柱形的脚，椭圆形的盘面光滑平整，看起来像一个鞋底形状的茶几。

人们把收割的谷物放在石磨盘上，用石磨棒压在谷粒上反复滚动，谷物的硬壳就被搓磨掉了。如果想更精细一些，还可以在谷物脱壳之后继续将其研磨成粉状。有了石磨盘和石磨棒这对好朋友的帮忙，古人就可以享受到更细腻的谷物啦！

其实，石磨盘和石磨棒的雏形早在旧石器时代晚期就已经出现了。那时候，人们为了加工采集来的橡子之类的坚果和块茎状植物，会找一块相对平整的板状石块，把坚果放在上面，再找一根手能握住的细长石块进行敲打，像砸核桃一样把外壳敲开。除了敲打坚果外，它们还有很多用途，比如，古人搓揉捶打麻线、加工动物皮革也需要借助它们才能顺利完成。

后来，为了便于使用，古人将放置食物的石块加工成扁平状并将其打磨光滑，将敲打用的石块加工成圆柱形的石棒，改进后的石磨盘和石磨棒配合得更默契了，工作起来效率也提高了很多。

从最初敲打坚果的石块到成为专业的生产工具，石磨盘和石磨棒陪伴古人度过了漫长的时光。

古代先民就像点石成金的魔法师，他们靠自己的智慧与双手，把天然石料制作成各种生产工具，不仅大大改善了生活，还促进了社会经济的发展。

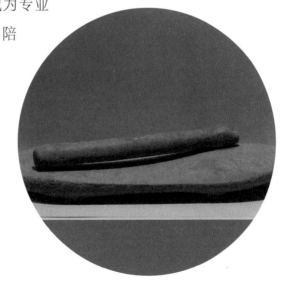

石磨盘、石磨棒

20 世纪 70 年代，浙江省余姚河姆渡遗址出土了大量炭化稻谷。这些炭化稻谷的发现，表明河姆渡人已将稻米作为主食。在河姆渡人居住的房子下面，考古工作者还发现了稻谷、稻壳、稻秆、稻叶等堆积物。由此可以推测，早在六七千年前，长江中下游地区的古人就已经熟练掌握水稻栽培技术了。

粟米

"春种一粒粟，秋收万颗子"，你一定读过这两句古诗吧？我国种植粟的历史非常悠久，黄河流域是栽培粟的最早的起源地。半坡遗址中就出土过一些带盖陶罐，罐里装着已炭化的粟米。粟因为耐旱性强、需水量小、生长周期短，很适合气候干旱的北方地区，小小的粟米也因此成为古代北方人餐桌上的主食。

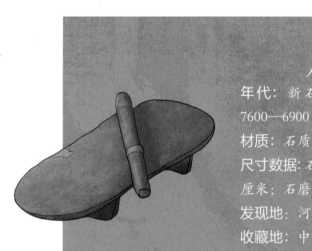

石磨盘、石磨棒
年代： 新石器时代·裴李岗文化（距今约 7600—6900 年）
材质： 石质
尺寸数据： 石磨盘长 63.5 厘米，宽 28 厘米，高 7.3 厘米；石磨棒长 47.8 厘米，直径 4.8 厘米
发现地： 河南新郑裴李岗文化遗址
收藏地： 中国国家博物馆

国宝档案

最早的锅灶
是什么样的？

在你眼里，煮饭是不是一件很平常的事情？可是，古人并不是一开始就会做饭，他们最初习惯了吃生食。在偶然的森林大火后，他们尝到了被火烧过的食物，感觉味道鲜美，从此，他们爱上了"烹饪"。

古人开始有意将食物放在火上烧熟，就像今天的烧烤一样，这就是"火烹法"。可是燃烧的火容易烫伤人，火太大了食物也会被烤焦。于是聪明的古人想了个办法，他们先把石板架在火上，再将食物放在石板上，这样间接烧烤出来的食物不仅更好吃，也避免了伤人和烤过的问题，这种方法被称为"石烹法"。

随着生产的发展，人们学会了种植，谷物成了重要的食物。此时古人已经不满足于吃"烧烤"了，那么，怎样才能把粮食做成好吃的饭呢？古人又想出了好办法，他们将沙砾掺进泥土里，烧制出各种陶器，这些陶器可以用来贮存粮食、酒水，也可以用来做饭。于是，最早的"锅"——陶釜（fǔ）出现了。陶釜没有脚，最初，古人用石头搭起一个简单的支架，将釜放在上面或者吊起来，在底下烧火烹煮，这就是早期的"陶烹法"。陶烹法的出现，让古人吃上了煮熟的粮食。

但是，陶烹法有个缺点，就是火力容易分散，做一顿饭需要很多柴火。为了解决这个问题，古人在居住的半地穴式房子里挖了一个凹下去的灶

陶釜、陶灶

国宝档案

年代：新石器时代·仰韶文化（距今约 7000—5000 年）

材质：陶质

尺寸数据：釜高 10.9 厘米，口径 16.2 厘米；灶高 15.8 厘米，口径 29.7 厘米

发现地：河南陕县庙底沟

收藏地：中国国家博物馆

坑，把陶釜架在上面，在灶坑里放置柴草燃烧。这样，火力就集中了，做饭时间也缩短了。

后来，古人还根据陶釜的特点，专门烧制了一个配套的小炉灶，这就是陶灶。将陶釜放在陶灶上烹煮食物，灶内的柴草能充分燃烧，做饭更方便了。

釜灶组合就像是个能移动的小灶台，搬动和使用都十分简便，它们在新石器时代后期非常流行。在河南陕县庙底沟仰韶文化遗址中，就发现了一套夹砂红陶釜灶，圆罐形的陶灶前面开着一个梯形的火门，灶底有三个短短的腿，灶口沿的内侧壁上长着三个凸起的长条形支点，用来安放陶釜。

从火烹到石烹再到陶烹，为了能品尝到不一样的美味，古人不断探索新的烹饪方式，改进灶具。继陶釜之后，古人又发明了陶鼎、陶鬲（lì）、陶甑（zèng）、陶甗（yǎn）等炊具。它们的出现，改变了古人的饮食结构，满足了他们多样化的饮食需求。你看，我们的先祖就是热爱生活的美食家。

陶 鼎

古人将陶釜和陶灶融合，再在底下加上三条腿，就产生了新的炊具——陶鼎。和陶釜一样，陶鼎的材质也多为夹砂陶。做饭时，将食物放进鼎圆圆的肚子里，在下面的三足之间点燃木柴，食物煮好后，大家就可以围着鼎吃，是不是很像今天的火锅？

比起陶釜，陶鼎的受热面积更大，移动起来更方便。后来，古人又在鼎上设计了两个耳朵，这样端起来就不会烫手了。关于鼎还有很多成语，如三足鼎立、一言九鼎、鼎鼎有名、鼎力相助等，可见它在古代文明中的重要性。

陶鬲

古人将陶鼎的三个实心足改成袋状的空心足，新型炊具陶鬲就诞生了。袋状空心足的巧妙设计不仅增大了受热面积，还扩大了容量，叉开的袋形足放置在地上也更稳固。有了科学实用的陶鬲，古人用很短的时间就能做出可口的食物。

陶甑

陶甑的造型有很多种，有的像盆，有的像罐。陶甑圆圆的肚子下面有许多小孔，这些孔眼是用来透气的。陶甑需要和鬲、鼎、釜等炊具组合起来才能使用，有点像现在的蒸屉。陶甑的发明意味着古人又学会了一种新的美食烹制方法——蒸。

陶甗

也许是每次做饭时，古人觉得将陶甑和鬲或釜搬到一起进行组合太麻烦了，于是设计出一种复合型炊具——陶甗。它是陶甑与鬲或釜的组合体，使用时，在上层的陶甑里放上食物，在下层的鬲或釜里装上水，烧火时，下方的水蒸气通过甑底部的小孔将食物蒸熟，这就是早期的蒸锅和蒸屉。

成语小课堂

甑尘釜鱼

甑，古代蒸锅；釜，古代做饭的锅。甑尘釜鱼的意思是，甑中生尘，釜中生了蠹（dù）鱼，形容贫苦人家断炊了很久，也比喻官吏清廉自守。

植物是怎么变成衣服的？

在遥远的古代，我们的祖先一开始是没有衣服穿的，他们将树叶、兽皮披在身上用来遮挡、保暖。慢慢地，他们发现在丰富的大自然里，生长着很多含有大量纤维的草木，像葛、麻、藤等。于是人们试着把这些植物的纤维做成线，再编织成布，布料经过缝制就做成了一件件简单又暖和的衣服。聪明的古人是怎么做到的呢？

最初，他们用手工方式将植物皮搓成线，只是这种方式费时又费力，搓一根线要花好长时间，粗细还不均匀。后来，一种将线搓得又快又好的工具——纺锤，就在古人的思考与实践中被发明出来了。

纺锤由纺轮和锤杆两部分组成。在新石器时代遗址中，先后出土了大量不同直径和不同重量的纺轮，这些大大小小的纺轮是当时最重要的抽纱捻线的工具，其材质主要有石质和陶质两种。纺轮的外形看起来像个圆圆的小车轮，中间有一个圆孔，插入锤杆组成纺锤就能工作。

别看纺锤构造简单、身材小巧，旋转时力量可大着呢！它能使一堆乱麻似的纤维被牵引加捻，撮合成纱线，缠绕在中间的锤杆上。而且，用纺锤制作的纱线均匀又结实，比手工搓出来的好用多了。

纺轮体形小，直径不过几厘米，非常便于携带，这样，人们可以不受时间和空间的限制，休息、聊天、劳作的间隙都可以纺线。爱美的古人还喜欢在纺轮上装饰一些图案，比如同心圆、旋涡、对顶三角、平行直线、短弧线等，这样，原本光秃秃的纺轮看起来更好看了，而且，这些纹饰还能起到匀捻的作用，既美观又实用，可真是一举两得呀。

骨梭是在纺锤之后出现的另一个穿线织布的重要工具。比起纺锤，骨梭的样式要多些，使用最多的有扁平式和空筒式。扁平式是将宽扁的野兽肢骨一端磨尖，另一端打孔用来穿线；空筒式是将一端磨尖，在中间打孔。

将用纺锤捻成的细线理成很多条经线，固定在织机的腰机上，然后用骨梭把纬线织上去。这个方法，大大提高了工作效率和质量。

纺锤和骨梭都是古人伟大的发明。在古老的土地上，他们从神秘的大自然中寻找原材料，用自己发明的工具，制作出各种各样富有创意的漂亮衣服，真了不起！后来，人们又发明了更加先进的纺织机和纺车，不断改进纺织工具和技术，织出了更精美的丝绸、布匹，造福民众，远销海外，我国也成为世界上远近闻名的纺织大国。

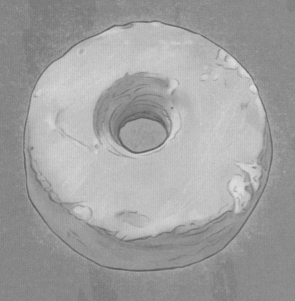
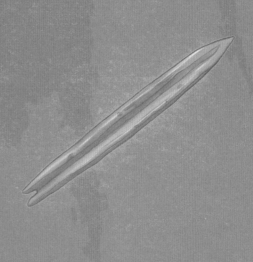

陶纺轮

年代：新石器时代

材质：陶质

尺寸数据：直径 6 厘米，高 1.7 厘米

收藏地：中国国家博物馆

骨梭

年代：新石器时代·大汶口文化（距今约 6200—4600 年）

材质：动物肢骨

尺寸数据：长 16.6 厘米，宽 1.7 厘米

发现地：山东泰安大汶口

收藏地：中国国家博物馆

花楼机

踏板斜织机

原始腰机　　　纺轮

手摇纺车

踏纺车

水转大纺车

织机"大家庭"

古人也用勺子和筷子吃饭吗？

你每天用什么吃饭呢？你用得最多的是不是筷子和勺子呀？那你猜一猜，古人最初是用什么吃饭的呢？

远古时期，人们在采集到果子或捕获猎物后会直接拿着吃，后来，伴随着农耕文明的发展，人们开始用陶器将食物煮熟。面对热乎乎的食物，尤其是香喷喷的米粥，那就不能直接用手抓着吃啦，于是，人们试着用捡来的兽骨骨片或蚌壳舀着吃。可是，这些捡来的骨片参差不齐，看着也不怎么美观，人们又想办法对这些天然工具进行加工，他们将一段兽骨剖成两半，将剖开的一面磨光滑，有的在一端磨出浅浅的窝，有的在一端磨出薄薄的刃口，这样，一个形状像羹匙的取食器——"匕"就诞生了。

匕长约 20 厘米，和我们平时用的直尺差不多。外表看起来普通的匕可是个多面小能手，既可以当勺子盛汤水，又能当刀具切割肉食，还能当叉子叉肉块。于是，匕成了当时人类日常生活中重要的餐具。

新石器时代的遗址中出土了不少匕形器，是用兽骨磨制而成的，看起来像尖尖的勺子。后来，随着

兽骨骨匕

技术的提高，匕也做得越来越精致美观，有的还在长长的柄上雕刻各种花纹作为装饰。

匕真是一个了不起的发明。后来，匕的搭档"箸"也被制造出来了，这双"奇妙的小棍子"成了人类的另一项伟大发明。

中国是世界上最早用箸作为进食工具的国家，筷子就是由箸演变而来的。它最早是配合匕使用的，那时古人发现吃肉用匕很方便，可是用它夹菜就不那么容易了，还不如用两根木棍更方便。这两根木棍就是箸最初的样子，它们就像是人类手指的延伸，非常奇妙。

目前考古发现最早的箸出现于商朝，当时上层贵族使用精美的象牙箸和青铜箸，普通百姓使用竹子或木头制作的箸，所以"箸"字有个竹字头。

大约在明朝时期，古人根据"天圆地方"的观念将箸改成了一头方一头圆的形状。箸渐渐成为主要餐具，人们同时给箸改了个新名称——"筷"。

别看古时候的筷子只是由两根木棍简单地组合在一起，制作起来却不简单，两根木棍的标准长度要达到七寸六分，要选用合适的材料，经过开坯、成型、打磨、上光、装饰等烦琐的工序才能完成。

经过几千年的发展，筷子的材质和形态一直在不断发生着变化，除了使用广泛的木筷和竹筷以外，还有金属筷、陶瓷筷、塑料筷等。轻便灵活、做工精致的筷子不仅是吃饭的工具，更是中华文化的象征，代表着中国特有的礼仪。

从用手抓取食物到用匕和箸夹取食物，古人对餐具的不断改良与创新，传递的是食物的味道，凝聚的是人们的智慧和对美好生活的追求。

23

国宝档案

兽纹匕

年代：战国时期（公元前475—前221年）

材质：青铜

尺寸数据：通长21.6厘米，宽3.7厘米，重0.3千克

收藏地：故宫博物院

牙雕凤鸟匕形器

年代：新石器时代·河姆渡文化（距今约7000—5000年）

材质：象牙

尺寸数据：长15.8厘米

发现地：浙江余姚河姆渡

收藏地：中国国家博物馆

延伸阅读

"匕"都是用来吃饭的吗？

中国国家博物馆收藏了一件河姆渡遗址出土的牙雕凤鸟匕形器，这件匕比当时人们普遍使用的骨匕更高级，它是用珍贵的象牙磨制而成的，上面还雕刻着一只栩栩如生的鸟形图案。在遥远的原始社会，鸟不仅可以自由地翱翔于天地之间，还能发出各种动听的鸣叫声，在古人眼里，鸟就是上天的使者，是神奇的精灵。为了表达对鸟的崇拜和敬畏，人们纷纷在头冠和一些礼器上雕刻出各种鸟形图案。

这样看来，这件精美的牙雕凤鸟匕形器并不是人们日常使用的匕，而是在某些特殊场合使用的礼器或用于佩戴的装饰品。

青铜酒器
是用来喝酒的吗？

传说远古时期，一个叫仪狄的人酿造出的酒非常甜美，远近闻名。仪狄将自己酿的一坛酒送给了部落首领大禹，大禹品尝之后觉得酒虽然好喝，但人醉酒后会耽误正事，于是他疏远了仪狄，还下了一个禁酒令，说后世一定会有因酒亡国的人。

可是，酒的味道实在太让人迷恋了，大禹的子孙还是冲破了禁令，沉迷于这种用谷物酿造出来的液体。传说夏商时期，有些贵族甚至通宵达旦地饮酒，还把酒器放进墓葬里作为陪葬品。中国国家博物馆收藏了一件河南偃师二里头文化遗址出土的青铜爵，这是目前所知中国历史上出现最早的青铜容器。

这件青铜爵的造型像一个三只脚的酒杯，但比酒杯的结构更复杂。口部设计有长长的流槽，流槽对面有一条尖尖的尾巴，圆圆的肚子上有弧形的把手，整体看起来像一只展翅飞翔的鸟雀，特别精美。

在所有的青铜容器中，爵的容量相对较小，一般在100毫升左右。那么，它是用来饮酒的吗？从出土数量来看，爵并不是日常饮酒用的生活用品，而是贵族阶层专用的祭祀礼器。

那么，这只小小的"酒杯"在祭祀活动中具体有什么用途呢？原来，远古时期的人们不但喜欢喝酒，他们还把酒作为与天沟通的媒介，爵是祭祀礼器中用于加热、盛放和斟倒的酒器，古人用它来祭祀祖先，它经常与"好朋友"青铜觚（gū）一起出现在祭祀活动中。

周朝君主对贵族饮酒有严格的限制，但在祭祀这样的重要活动中，酒仍被视作非常重要的事物。只有最清洁的酒和最优良的牲畜，才能用来祭祀。所以，那些精美的酒器也是隆重的礼器，青铜酒器的一些纹样、纹饰，也有着丰富的内涵，是礼乐文明的一部分。

周朝是中国"礼乐文化"形成和兴盛的重要时期，对于祭祀活动有着严格的礼仪要求，作为重要礼器的青铜酒器非常流行，它们不仅是礼器，还是统治阶级权力、地位和财富的象征。

什么是青铜器？

在结束了漫长的石器时代后，人们发现将红铜和锡融合在一起，可以生成一种新的金属——青铜，它是铜和锡组成的合金，要通过冶炼才能从矿物里提取出来，在掌握了这一技术后，青铜铸造业便逐渐兴盛起来。

早期的青铜器大都是古人根据实际需要，在陶器造型的基础上加以改进的。最初的青铜器以生活用具为主，表面的纹饰也比较简单。以青

成语小课堂

加官晋爵

"爵"，在古代是一种酒器，帝王常以爵盛酒赐酒奖励功臣，后来古人就用"加官晋爵"表示加封官衔，晋升爵位。

国宝档案

青铜爵

年代： 夏（公元前 2070—前 1600 年）

材质： 青铜

尺寸数据： 通长 14.5 厘米，高 13.5 厘米，重 0.75 千克

发现地： 河南偃师二里头文化遗址

收藏地： 中国国家博物馆

折觥（gōng）

年代： 西周（公元前 1046—前 771 年）

材质： 青铜

尺寸数据： 通高 28.7 厘米，腹深 12.5 厘米，口宽 11.8 厘米，口横 7 厘米，重 9.1 千克

发现地： 陕西宝鸡扶风庄白村

收藏地： 宝鸡周原博物院

铜作为原材料铸造出来的器具，金灿灿的，比陶器更坚固更美观。到了商朝，青铜器又被作为喝酒的器具和祭祀的礼器。作为礼器的青铜器，一般都比较笨重，而身上的"外衣"则华丽又复杂，这类青铜器上有许多纹饰，有的像凤凰，有的像老虎，还有云朵、雷电等纹饰。

青铜酒器有哪些？

先秦时代的酒器大体可以分为青铜和陶两大类，青铜酒具大约有二十多种，有盛酒用的，如尊、壶、方彝等；有饮酒用的，如爵、角、觚等；还有温酒、挹（yì）酒（舀酒）的。也就是说，类似爵这样的酒器，在古代青铜器中是非常重要的一个大家族，觥、觚、角、觯（zhì）等酒器都是它的兄弟姐妹。

大个子酒器上的动物乐园——折觥

相比于爵的精巧，觥可是个威风凛凛的大家伙，它的特别之处在于，栩栩如生的动物造型与精美的纹饰。作为盛酒器，折觥的内部空间很大，能装很多酒，它的主要功能也是用来祭祀。有个成语叫"觥筹交错"，这里的"觥"就是指酒器。

宝鸡周原博物院收藏着一件奢华的折觥。这件折觥造型非常奇特，想象力丰富的古人将数十种动物形象都融合在它上面，包括龙、羊、牛、大象等。可以想象，在古人心中，这件折觥具有多么神奇的威力。最令人惊叹的是，折觥的全身布满了一百多种凸起的动物纹饰。

这些纹饰可不是随意雕刻上去的，它们都有自己独特的模样和专属名称，比如饕餮纹、夔龙纹、云雷纹等，如此珍贵的折觥堪称技术与艺术的完美结合。

这件觥为什么被称为"折觥"呢？这个秘密藏在觥的内部。掀开觥的椭圆形盖子，会发现盖内和底部刻了一些奇怪的符号，这是古代的铭文。这篇铭文的大意是，贵族折用昭王赏赐的青铜为逝去的父亲乙铸造了这件祭器，所以根据青铜器用铸造者名字命名的习惯，称其为折觥。

觥筹交错

觥：古代盛酒的酒器。觥筹交错，形容宴会时举杯畅饮的热烈情景。

青铜角

在爵的基础上，古人又制作出了饮酒器角杯，角长得跟爵非常相似。

青铜觚

盛酒器青铜觚的造型像个喇叭，这是古人借鉴陶觚进行设计铸造的。早期的青铜觚比较粗矮，商朝中期以后，造型更加美观，纹饰也更丰富精美。

青铜觯

盛酒器觯与觚的造型相似，也是喇叭形，但它底部的圈足比觚要高很多。觯出现于商朝中期，通行至西周早期，西周早期后较少见到。西周晚期觯的造型也发生了一些变化，变成方柱四角圆的形状。

青铜尊

尊看起来就像是一只大号觚，它主要有方体和圆体两种样式。其中，商朝的四羊方尊造型最复杂，设计最巧妙，体积也最大。

2000 多年前的"冰箱"是什么样的？

在 2008 年的北京奥运会开幕式上，一个由 2008 名舞蹈演员组成的巨大"缶阵"引起了世人的关注。当"鸟巢"里古老的日晷被一道耀眼的光芒激活时，"缶阵"瞬间响起了"咚咚咚咚"的声音，发光的缶面闪出了"60、50、40、30、20、10"的倒计时字样，奥运会在一片焰火升腾和震天的欢呼声中拉开了帷幕。

那么，"缶"在古代是做什么用的呢？《说文解字》中解释说，"缶"是一种瓦器，用来盛酒浆，也是秦人的击打乐器。它的样子十分可爱，长着鼓鼓的圆肚子，头上有盖，肩上有环耳；也有方形的，在春秋战国时期十分盛行。不过，因为早期陶器易碎，所以现在保存下来的多是青铜缶。而北京奥运会开幕式中缶的原型，则来源于一座 2000 多年前的战国墓——曾侯乙墓。

曾侯乙墓出土的青铜鉴缶并不是乐器，而是盛酒器，被世人誉为中国古代最早的"冰箱"，被称作冰鉴。青铜冰鉴由方鉴和方尊缶组成。鉴像个盆子，用来盛水；尊缶则口小肚子大，像个大罐子，用来盛酒。鉴和缶一般是圆形的，但曾侯乙青铜冰鉴是方形的。在古代青铜器中，方形的一般要比圆形的贵重，它们的个头较大，上面雕刻着精美的蟠螭纹、勾连纹和蕉叶纹，底座还雕刻有神兽守护，外形华丽、工艺精湛，是名副其实的"奢侈品"。

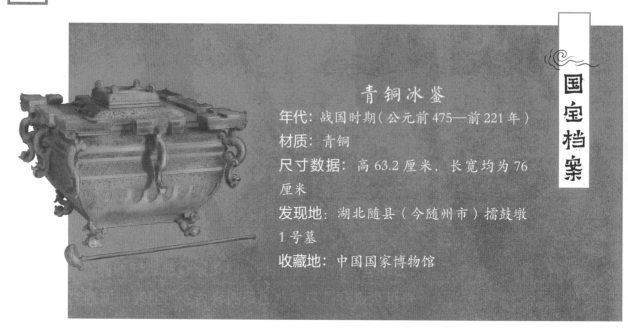

国宝档案

青铜冰鉴

年代：战国时期（公元前 475—前 221 年）

材质：青铜

尺寸数据：高 63.2 厘米，长宽均为 76 厘米

发现地：湖北随县（今随州市）擂鼓墩 1 号墓

收藏地：中国国家博物馆

　　方尊缶藏在方鉴内，底部有三个长方形榫眼；方鉴在外面围着，底部有三个弯曲的拴钩，正好可以嵌入方尊缶的榫眼。这样一来，方鉴和方尊缶就被牢牢地固定在一起了，并在中间形成了很大的空隙。夏天，在空隙里放入冰块，方尊缶里装的酒就会变得凉丝丝的。你看，古代的贵族们是不是很会享受生活呀？

　　虽然古代没有电冰箱，但聪明的古人却懂得利用冰来降温。大约在商朝或更早时，人们就学会了将食物和酒放到深井里保鲜冷藏。周朝有"凌人"这种官职，负责收藏和管理冰。这些冰主要用来为祭品和食物保鲜降温。冬天，凌人会把冰块收集起来放入地窖，夏天便取出给天子和贵族们享用。

　　此后，中国历代都会开凿冰窖、冰井，为皇室和贵族贮冰，唐朝的皇帝甚至会差人把冰块送到贵族和大臣的府上。到了清朝，紫禁城里就有几个大冰窖专门用来存放冰块，也有做工精美的珐琅"冰箱"，让人不得不佩服古人利用自然冰降温的巧思。

掐丝珐琅番莲纹冰箱

故宫博物院收藏着一对清代皇家掐丝珐琅冰箱，花纹繁复艳丽。使用时，在箱子的底层放满冰块，再往上摆上需冷却的食品，然后盖上盖子。不一会儿，冰块的寒气便把食品变成了冰镇食品了！

掐丝珐琅番莲纹冰箱

成语
小课堂

瓦缶雷鸣

瓦缶雷鸣的意思是，声音低沉的锅发出雷鸣般的响声。比喻德才平庸的人占据高位，威风一时。

古滇国贵族的存钱罐里
为什么藏的是贝壳？

　　20 世纪 50 年代，在云南晋宁石寨山的大中型墓葬群中，考古工作者发现了一个奇怪的现象：几乎每个墓中都有一件造型奇特的青铜器，它们圆鼓鼓的，身体里都装着贝壳。那么，这些奇怪的青铜器到底是用来做什么的呢？为什么里面都装着贝壳？

　　原来，这些贝壳是来自印度洋的海贝，两千多年前的古滇国贵族用它们进行买卖交易。它们可能是古滇国境内的货币，也可能是古滇国贵族购买其他国商品的"外汇"。这些青铜器就是古滇国的存钱罐！人们给这些超大号的存钱罐取了个名字——贮贝器。

　　贮贝器是古滇国独有的青铜容器，主要用来贮藏海贝，和小朋友的"存钱罐"功能一样。贮贝器约出现于战国时期，秦汉时日臻精美，西汉中期达到顶峰，后随着古滇国的湮灭而消失在历史烟云中。目前出土的青铜贮贝器有多种形状，大体可分为鼓形贮贝器、桶形贮贝器和异形贮贝器三类。

　　你是不是很好奇，古滇国到底在哪里呀？古滇国以云南滇池为中心，具体存在时间无明确记载，春秋时已有较为发达的青铜文化。汉昭帝后，实力渐衰。20 世纪 50 年代云南晋宁石寨山出土了"滇王之印"金印，证实了司马迁在《史记》中记载的"滇国"的真实存在。1992 年，科学家在云南澄江抚仙湖发现了水下高大的人工建筑，有专家推测这些遗迹可能与古滇国有关。

古滇国虽然地处边疆，但古滇人也掌握了青铜器铸造技术，他们利用当地丰富的铜矿资源和高超的铸造技术，铸造出各种青铜器。装海贝和珍宝的青铜贮贝器成了皇室和贵族的专用品。

目前出土的青铜贮贝器中，有一件束腰筒状的四牛鎏金骑士铜贮贝器非常引人注目。它高50厘米，圆筒形的身体两侧各有一只张着大嘴向上攀爬的老虎，盖子上有四头环绕而行的牛，最耀眼的是托盘中央金光闪闪的骑士。骑士全身鎏金，骑着高头大马居高临下，威风凛凛的模样仿佛在告诉大家：我可是身份尊贵的大人物啊。

青铜贮贝器不仅是存钱罐，还是重要的祭祀礼器，象征着主人至高无上的财富、权力和地位。

贮贝器上为什么有这么多牛？

出土的青铜贮贝器上出现的动物主要有牛、虎、鹿、猴、兔、狗、飞鸟等，其中出现频率最高的动物是牛。另外，在出土的农具、兵器、装饰品、生活用品上也处处都可以看到牛的生动形象。

牛是古滇国最重要的动物之一，代表着财富和力量，也代表了滇人对美好生活的向往。

青铜贮贝器上最常见的牛是"封牛"，也称"峰牛"，它的牛背上会隆起大大的峰，曾是亚洲牛的主要品种之一。青铜贮贝器上的牛最初可能是作为"盖钮"出现的，具有实用功能，后来逐渐变成了装饰元素，且数量越来越多，有的贮贝器上甚至有七八头牛。

七牛虎耳青铜贮贝器（西汉）

四牛鎏金骑士铜贮贝器

年代：西汉（公元前202—公元8年）

材质：青铜

尺寸数据：高50厘米，盖径25.3厘米

发现地：云南昆明晋宁石寨山10号墓

收藏地：云南省博物馆

贮贝器上的历史场景

青铜贮贝器还有一项特殊的"记事"功能呢！如同我们写日记一样，古滇人喜欢将生产生活场景用浇铸的方法搬到贮贝器上，比如祭祀、农事、纺织、战争、狩猎、集市贸易、征赋纳贡等，都是"日记"的内容。这些"日记"一般出现在贮贝器的器盖和腰部。

"日记"场景主要由立体的人物和动物构成。雕刻在贮贝器盖子上的人，往往都是墓主人生前活动的参与者，他们神态各异，有墓主人的朋友，也有为墓主人干活的奴隶，人物最多的一件贮贝器盖上竟有100多个人！工匠为了突出人群中主角的特殊地位，一般都会将主角放在中心位置，或者在表面鎏金，让他显得与众不同。

青铜贮贝器是古滇国社会的生动写照，记载了古滇人的历史文化，所以青铜贮贝器也被称为"古滇人无声的史书"。

贡纳场面青铜贮贝器

由两只鼓重叠组成的贡纳场面青铜贮贝器，同样由众多立体人物和动物组成，展现的主题是臣服民族向滇王纳贡的场面。

诅盟场面青铜贮贝器（西汉）

古人的"摇钱树"上 有钱吗？

　　"摇钱树，聚宝盆，日落黄金夜装银"，这句民谣描述了一种神奇的宝树——"摇钱树"，传说这棵树上长满了金钱，摇晃一下就会掉下金钱来。世上真的有这样的树吗？

　　在绵阳市博物馆里，就有一棵东汉时期的青铜"摇钱树"。这棵"摇钱树"高高壮壮的，是个名副其实的"大个子"。小朋友参观时，要踮起脚努力向上看，才能看清树顶上站着一只身姿挺拔的凤鸟。这棵宝树上，可不光有漂亮的凤鸟，它是由29个精巧的部件组成的，底座有狮子和马，树干上有龙首、朱雀、鹿、大象等动物和西王母的形象。看起来特别豪华气派，是十分珍贵的国宝。它不仅被评为国家一级文物，还是国家文物局公布的首批禁止出国（境）展览文物之一呢！

　　类似这样的树，古代称其为"柱铢"，因为树上装饰有大量圆形方孔钱，所以又被人们叫作"摇钱树"，也叫升仙树、富寿树。

　　"摇钱树"虽然有大小之分，但材质、造型基本相同。像组装玩具一样，每棵"摇钱树"都是由树座、树干和枝叶三部分拼装而成的。树座的材质通常有石质和陶质两类，

铜神树枝头立鸟

树干和枝叶均由青铜铸造而成。除圆形方孔钱外，枝叶上还缀满了各种各样的神仙和神兽，其中神话中的西王母形象出现的频率很高。

目前在我国发现了近200棵"摇钱树"，最早的一棵是东汉早期的。它们喜欢"长"在我国西南地区，大多是东汉、三国时期的青铜器，多在古代墓地中随葬。四川的"摇钱树"最多最精美，所以这里也被称为"摇钱树之乡"。

为什么这些地方的古人这么喜欢"摇钱树"呢？

原来，这些神奇的树与古人对树的崇拜有关。树在巴蜀一带的古人心中有崇高的地位，他们相信树具有通天达地的神秘力量，是通往"天国"的阶梯。叶片上所铸圆形方孔钱，是取其外圆内方之形，以表示天圆地方之意，象征着天与地。那些妙趣横生的神兽是吉祥的象征，而西王母则代表长生不老。将这些现实和神话里的元素融合在一起，制作出漂亮的"摇钱树"，寄托了人们美好的愿望。

青铜摇钱树在历史上流行的时间并不长，东汉初期出现，到三国时就慢慢消失了。这些精美绝伦的"摇钱树"作为当时的吉祥物，展现了古人丰富的想象力和精湛的技艺。

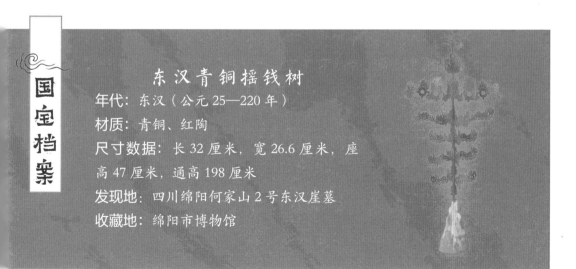

国宝档案

东汉青铜摇钱树

年代： 东汉（公元25—220年）

材质： 青铜、红陶

尺寸数据： 长32厘米，宽26.6厘米，座高47厘米，通高198厘米

发现地： 四川绵阳何家山2号东汉崖墓

收藏地： 绵阳市博物馆

古人的镜子是 什么样的？

　　镜子是我们日常生活中每天都要用的物件，每天梳洗打扮、穿衣戴帽都要照镜子。现在的镜子大多是玻璃的，能清晰地照出我们的样子。那你知道古人是从什么时候开始使用镜子的吗？他们的镜子又是什么样的呢？

　　2002 年，考古工作者在西安东郊马家沟村一座唐朝古墓中发现了一件很特别的镜子。经过除锈处理后，大家发现这面菱花镜的背面布满了金色的浮雕纹饰，连中央的镜钮都是镀金的动物造型。这座古墓是唐太州司马阎识微夫妇之墓，随葬的镜子是当时流行的奢侈品——金背瑞兽葡萄镜。这个铜镜让人不禁赞叹，古人的镜子竟然这么华美！

　　其实，一开始古人并没有制作出这么精美的镜子。远古时期人们以水照影，在水中看自己的样子，这是最初的"镜子"。可是，每天都要到河边打扮自己也太麻烦了，于是古人就用盆装满水来做镜子。

　　随着青铜器的出现，人们将铜盘磨得扁扁的，做出了漂亮的铜镜。据传甘肃齐家坪遗址中出土了一面铜镜，这是目前所知年代较早的铜镜之一，大约有 4000 多岁啦。这面铜镜虽然看起来普通，但具有非常重要的价值，是齐家文化中一件了不起的宝贝。

你可能会感到奇怪，厚厚的铜镜能照清面庞吗？原来，为了让镜子照得更清楚，古人研究了铜和锡、铅的比例，发现含锡较高的铜镜表面光亮、色泽银白，更受欢迎。

商朝和西周时期，铜镜较少，纹饰也很简单。春秋战国时期，铜镜背面的纹饰逐渐丰富。汉魏时期，铜镜逐渐流行起来，铜镜也越来越精美，一直到明清都有铜镜的身影。战国山字纹青铜镜、汉朝规矩镜、唐朝金背瑞兽葡萄镜、宋朝文字镜以及明清时期多宝镜等，都非常有特点。直到清朝，西方的玻璃镜来到中国，铜镜才慢慢退出了历史舞台。

虽然铜镜已经完成了使命，但与它有关的成语、诗歌至今还在使用。比如我们熟知的"明镜高悬""破镜重圆"，还有名言"以铜为镜，可以正衣冠；以古为镜，可以知兴替；以人为镜，可以明得失"等。和铜镜相关的纹饰铭文、传说故事，都是我国传统文化中的宝贵财富，一面面铜镜在历史的时光中依然绽放着夺目的光彩。

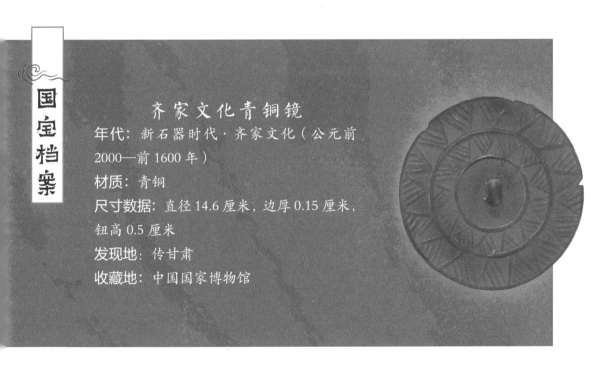

国宝档案

齐家文化青铜镜

年代： 新石器时代·齐家文化（公元前2000—前1600年）

材质： 青铜

尺寸数据： 直径14.6厘米，边厚0.15厘米，钮高0.5厘米

发现地： 传甘肃

收藏地： 中国国家博物馆

文博小课堂

齐家文化

据考古发现，齐家文化的年代为公元前 2000 至前 1600 年，是我国红铜时代的文化，属原始公社制的解体时期。齐家文化由于 1924 年首次发现于甘肃广河齐家坪而得名。

商朝后期青铜镜

这是在河南安阳殷墟遗址妇好墓中出土的青铜镜。不难发现，商朝后期的青铜镜与早期齐家文化的青铜镜样式基本相同，只是花纹更为丰富和密集。

汉朝蟠龙纹铜镜

蟠龙纹是汉朝铜镜的特色。这个时期的铜镜不仅在圆形的基础上发展出了矩形镜，镜背的装饰内容也越来越丰富，除了雕刻鸟兽和人物等比较复杂的图案外，有的还会写上祝福语，这种铸铭文的做法在当时非常流行。

唐朝月宫铜镜

　　隋唐是我国历史上铜镜高速发展的时期，这个时期的铜镜不仅造型多，纹饰也极为丰富。古人将珍禽异兽、花草树木、神话故事、历史典故、诗文谚语等都搬上了镜背。这面月宫铜镜就具有典型的唐朝特色，它不仅是生活用品，也是唐朝人雍容富贵的生活方式的体现。

国宝档案

金背瑞兽葡萄镜

年代：唐（公元618—907年）

材质：青铜、金片

尺寸数据：直径 19.7 厘米，重 1710 克

发现地：陕西西安东郊马家沟村唐墓

收藏地：西安博物院

铜镜上的纹饰

　　去博物馆参观时你会发现，铜镜一般是由镜面、镜背以及镜钮三部分组成的。工匠们将铜镜的一面打磨光亮用来照面，在另一面雕刻一些图案作为装饰。这些图案千姿百态，讲述着不同历史时期的故事。战国时期，铜镜背面的纹饰逐渐丰富，山字纹是当时的流行款。君主常常将它作为奖励赏赐给大臣，大臣有漂亮的铜镜也会进献给君主。

大约从汉朝起，人们开始将铭文和动物纹饰雕刻在铜镜背面，这些图案有着不同的寓意，代表着各种美好的祝福。这时，铜镜铸造技术发达，甚至还成立了专门铸镜的工坊，手艺高超的工匠制作出轻巧实用也更精美的铜镜。铜镜越来越多，到西汉末期，有钱的普通人也能买上一面铜镜，曾经专属于贵族的铜镜慢慢走向民间。

唐朝还出现了特种工艺镜，比如金银背镜、金银平脱镜等，镜背上贴的都是实实在在的金银饰片。当然，这种高级订制的奢侈品只在上层社会中流行，因为制作这种奢华的铜镜需要用大量的金银，成本很高，后来慢慢就不再生产了。

汉朝瑞兽博局纹鎏金铜镜

铜镜有什么功能？

那么，在漫长的历史中，这些铜镜有什么功能呢？

在青铜时代，铜镜是比较贵重的礼器，春秋战国时只有贵族才能享用。神奇的是，古代的铜镜还是取火工具，人们用凹面的铜镜向着太阳取火，称为"金燧"或"阳燧"。古人甚至认为，铜镜可以探病与照妖，他们常把铜镜挂在院门、墙壁上，以祈求吉祥。

美丽的唐朝铜镜

唐朝工匠在铜镜造型上进行了创新，创造出菱花、葵花、海棠花等样式的造型。据说，如果在日光下将菱花形铜镜投射到墙面，墙面上就会出现菱花的投影，看起来像一朵盛开的菱花，这种镜子因此也被称为"菱花"。

成语
小课堂

昏镜重明

昏镜，指昏暗的铜镜。昏镜重明的意思是，将黯淡无光的铜镜重新打磨光亮，比喻重见光明。

唐朝人也爱吃面食？

　　"冬至饺子夏至面""出门饺子进门面"，这两句谚语表达了人们对面食的喜爱。你可能会问，古人也爱吃面食吗？他们做的饺子、面条和我们现在吃的一样吗？20世纪70年代，考古工作者在新疆吐鲁番阿斯塔那唐朝墓葬中发现了一组彩绘劳动妇女泥俑群。群像中有四位衣着朴素的女子，手持不同的工具分别做着不同的工作，仔细看，她们都在制作饼食。她们中有人舂（chōng）捣石臼内的粮食，有人端着簸箕仔细清除粮食中的杂质，有人推动磨盘将粮食磨成面粉，有人在擀面烙饼。这组彩绘劳动妇女泥俑群完整地展示了一千多年前，唐朝人如何将麦子变成饼的全过程。

　　其实，在唐朝以前，面食并不流行，香喷喷的稻米和粟米饭才是古人的主食。虽然小麦早已传入中国，但是人们一开始并不知道怎么食用它，古人直接将小麦蒸熟或者煮熟，这种吃法称为"粒食"。这样吃小麦口感粗糙，并不那么可口。

延伸阅读

粒食

　　早期人类还没有掌握粮食加工技术，他们通常会食用原粮，这就是"粒食"。直到今天，"粒食"在生活中还存在，如煮玉米、炒米等。

彩绘劳动妇女泥俑群

年代：唐（公元 618—907 年）

材质：泥质

尺寸数据：高 9.7 ～ 16 厘米

发现地：新疆吐鲁番阿斯塔那古墓

收藏地：新疆维吾尔自治区博物馆

国宝档案

　　后来，人们学会了用石磨等工具将小麦磨碎，做成粉状，面食才得以快速普及。大约在战国时期人们发明了石磨，汉朝时石磨已经非常普遍，西汉中山靖王刘胜墓中还发现了用马拉石磨的现象。随着这些小麦加工工具的发展，面食也越来越多地来到人们的餐桌上。

　　唐朝时，小麦开始在北方大量种植，面粉也逐渐取代粟米成为唐朝人不可或缺的主食。唐朝逐渐掀起了一股全民做面食的热潮，上至宫廷厨师，下至黎民百姓，大家尽情发挥想象力，开启了"创意面食厨艺赛"，面食成了当时的"餐桌之王"。

　　有趣的是，唐朝很多面食都叫"饼"。为了区分不同的饼，人们根据加工方法、形状、有无馅料等特征，又将饼分为胡饼、汤饼、蒸饼、煎饼、烧饼、鸣牙饼、糖脆饼等。

　　除了花样繁多的饼，唐朝的面点大师还别出心裁地制作出各种点心。新疆吐鲁番墓葬就多次出土了各种造型精美的点心。

　　从主食到点心，唐朝人不断创新，用灵巧的双手将简单的面粉做出千滋百味，大大丰富了唐朝的饮食文化。美味的面食部分流传到了今天，成为中华美食文化的一部分，它超越了种族和语言，给人们带来了美妙的享受。

唐朝时期受欢迎的胡饼

　　唐朝的饼中最有名气的要属胡饼。白居易诗中"胡麻饼样学京都，面脆油香新出炉"中的"胡麻饼"指的就是它。其实，胡饼并不是唐朝人的原创，它是从西域传来的。胡饼的制作过程并不复杂，将擀好的面团按压成一个个扁圆形的面饼，再撒上芝麻，放进一个叫"鏊（ào）"的器具中烙熟，做出来的样子类似于今天的馕。因为制作简单，饱腹感强，储存和携带方便，所以非常受欢迎，不仅入选了军粮名单，在安史之乱中，还成了皇室逃亡途中的救命干粮呢。

有讲究的汤饼

除了香脆可口的胡饼以外，汤饼也是唐朝人爱吃的面食。不过，汤饼可不是把饼泡进汤里，而是所有用水煮成的面食的统称，比如面条、馄饨都属于汤饼系列。唐朝宫廷中举办生日宴会时会专门做汤饼，寓意"长寿"。

蒸饼

既然有面条和馄饨，当然也少不了包子和馒头。唐朝人把经过发酵后再蒸熟的面食统称为蒸饼。

墓里发现的饺子点心

考古工作者在新疆吐鲁番阿斯塔那墓葬中发现了饺子。除了饺子外，考古工作者还相继发现了各种点心，这些点心造型各异，有梅花形、菊花形、四瓣花纹、八瓣花纹等。新疆地区干燥的气候和特殊的地理环境，使得这些面点入土后迅速脱水风干，在长期的封闭状态下保存得非常完好。

唐朝贵族最喜爱的体育项目是什么？

一千多年前的一天，在长安城大明宫里，一场别开生面的比赛开始了。激烈角逐的一方是皇家队，另一方是吐蕃使者队，他们骑在马上，拿着偃月形的球杖，争先恐后地将场上的球打进门洞。吐蕃队连胜两场后，皇家队按下了暂停键，将场上选手替换成了临淄王李隆基与另外三名皇室贵族。最后，皇家队打败了吐蕃队，赢得了这场比赛。

这项有趣的运动叫"马球"。你一定想不到，这场马球比赛是皇室为即将远嫁到吐蕃的金城公主专门举办的庆典活动，在当时，马球不但是最热门的运动项目，还是礼仪庆典活动的经典节目。唐朝皇帝中，好几位都是忠实的马球迷呢！

马球到底长什么样子呢？据专家考证，当时的马球是用木料将内部挖空做成的，大小跟拳头差不多，外表涂上红漆或画上彩色花纹作为装饰，看起来非常漂亮。

彩绘陶打马球女俑（唐）

小小的马球玩起来相当惊险刺激，称得上是一项勇猛的对抗运动，是"勇敢者的游戏"。马要挑选优良的骏马，球场要是宽广、平坦、坚实、洁净的专用场地，参加马球运动的选手要体力充沛、反应灵敏。

比赛时，选手们用类似冰球杆的球杖去击打地上的马球，将球打入球门中。同时还要配合其他队友，并控制好奔驰的马，动作要又准又快，非常考验选手的骑术、胆量、臂力、平衡感及团队协作能力。

因为这项运动成本很高，所以最初只在皇室和贵族阶层中流行。后来，唐玄宗将马球推广到军队里，马球成了官兵日常训练的内容之一。通过长期的马球训练，将士们的身体素质和骑马技术都大大提高了，打起仗来更加勇猛。

当时唐朝国力强大，经济发达，国泰民安，统治者一方面崇尚武力，另一方面也有实力，所以马球运动迅速普及和发展。除了能强身健体、提高兵技，马球还是个称职的"外交官"呢！当时唐朝的邻国也喜欢打马球，有空时大家就来一场跨国马球联谊比赛，相互切磋技术。

在开放的唐朝，马球可不是男士的独家娱乐活动，女子也十分喜爱这项运动，她们经常相约一起打马球，皇宫里还成立了专门的女子马球队。1958 年，陕西西安出土了一组彩绘陶打马球女俑。这组陶俑由五位穿着鲜艳服装、骑在马上的女子组成，手中的木质鞠杖已朽失，但策马打球的身姿栩栩如生。

经历了唐朝的"黄金时代"，马球运动一直延续到明朝，到清朝时逐渐消失。不过，它的影响力并没有消失，不仅传入其他国家，而且迅速流行起来，比如英国就成立了世界上最早的马球俱乐部。在 1908 年、1920 年、1924 年和 1936 年，马球还作为体育比赛项目，登上了奥运会呢！

彩绘陶打马球女俑

年代: 唐 (公元 618—907 年)

材质: 陶质

尺寸数据: 高 32 ~ 36 厘米

发现地: 陕西西安

收藏地: 中国国家博物馆

国宝档案

含光殿 "毬场" 石志

1956 年，西安北郊大明宫遗址出土了一块十分光滑的石志。石志上刻有 "含光殿及毬场等，大唐大和辛亥岁乙未月建" 字样。由此可以推测，当时大明宫含光殿建有马球场。除了这个马球场外，唐朝皇宫中还建有多处马球场，可以想象当时马球运动的火爆程度。

延伸阅读

马球来自哪里？

关于马球运动的起源有多种说法，一般认为马球起源于古波斯，先传入吐蕃，唐朝初年由吐蕃传入中原，成为风靡一时的运动。也有学者认为，它源于三国时期流行的运动 "击鞠"。

"天下第一奇画"里
到底画了什么？

　　故宫博物院珍藏着一件宝贝，故宫不仅拒绝向外租借，而且也不轻易展出，基本要几年才能展出一次。人们为了一睹它的真容，每次展览都会早早就排起长队等候。这件神秘的宝贝就是作为"天下第一奇画"的《清明上河图》。

　　九百多年前，当北宋翰林院画家张择端将自己完成的画作呈献给皇帝宋徽宗时，宋徽宗立即被这幅长达528厘米、纵24.8厘米的画作震撼了。要知道，宋徽宗不仅是一位皇帝，他还是中国历史上艺术造诣很高的画家、书法家。当他看到画作后，欣喜不已，挥笔用瘦金体题写下了"清明上河图"几个字，并盖上了双龙小印。

　　那么，这幅画到底画了些什么，让"书画界行家"宋徽宗都如此着迷呢？

　　《清明上河图》细致描绘了北宋都城汴京（又称东京，今河南开封）汴河两岸的街市繁荣景象和自然风光。打开长长的丝绢画布，映入眼帘的是广阔的原野、浩瀚的河流、高大的城楼、熙熙攘攘的人群以及鳞次栉（zhì）比的店铺。仔细看来，整幅画分为三段，卷首是汴京郊野的景色，阡陌纵横，百姓往来其间。中段部分是汴河及两岸风光。桥上车马如梭，行人熙熙攘攘。后段部分是汴京市井风情，闹市里店铺林立，各色人物来来往往，每一帧都是一幅生动的场景图。

《清明上河图》

最令人惊叹的是，这幅画里居然有几百个人物。仔细看，会发现每个人的身份、面貌、神态都不同。他们之中有官吏、富商、大夫、车夫、说书艺人、理发匠、僧人、乞丐等，富人乘轿骑马前呼后拥，穷人衣衫褴褛为生计奔波，豪门子弟在高楼中吃肉喝酒，船夫车夫忙着劳动……这些人千姿百态，透着浓郁的生活气息。

除了各行各业的人物，《清明上河图》中还有各种动物、植物、建筑、交通工具，移步换景，让人眼花缭乱。要把这么多内容放在一幅画卷上可真不容易，但画家却用高超的技艺做到了多而不乱。整幅画展现了北宋繁盛时期的城市风貌和人们的生活状态，它也因此被誉为"中国古代风俗画的巅峰之作"。

《清明上河图》真迹因为名气太大，辗转多地，几经周折，最终安家在故宫博物院。画上有多人的题跋，其中有帝王也有私人收藏家，这些题跋也非常珍贵。为了减少展出对画卷的损害，现在故宫博物院在官网上展出了其高清全图，这样我们在家就可以欣赏这幅传世名画啦。

延伸阅读

《清明上河图》画作者

张择端，字正道，东武（今山东诸城）人，北宋画家。宋徽宗时供职于翰林图画院，擅长画舟车、市肆、桥梁、街道、城郭等。存世作品有《清明上河图》。

《清明上河图》

年代：北宋（公元 960—1127 年）

材质：绢本

尺寸数据：横 528 厘米，纵 24.8 厘米

收藏地：故宫博物院

《清明上河图》为什么有很多幅？

《清明上河图》因为名气太大，不断被后人复制与模仿，国内外出现了各种摹本。有人统计，世界各地的博物馆中共收藏了 37 幅《清明上河图》，北京收藏了 6 幅宋朝至清朝的画卷，其中故宫博物院收藏了张择端的真本；沈阳收藏了 2 幅，其中 1 幅是仇英绘的正本；中国台北收藏了 10 幅，其中一幅是乾隆朝绘的院本。而在国外，日本收藏了 11 幅，美国收藏了 6 幅，荷兰、法国各收藏了 1 幅。2000 年，故宫博物院举办了一场"《清明上河图》特展"，一口气同时呈现了 7 件藏品，一时轰动了世界，也充分说明这幅奇画具有永久的艺术魅力。

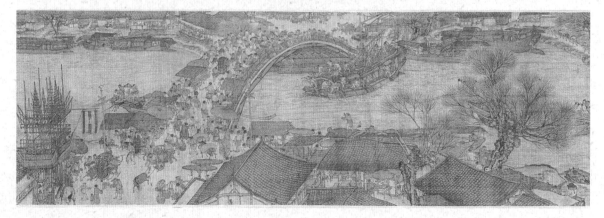

《清明上河图》（局部）

宫里的元宵节有多热闹？

元宵节是中国的传统节日，古代也称"上元节"。据说，元宵节起源于民间开灯祈福的习俗，自西汉时兴起。隋唐以来，元宵节日渐兴盛，到了宋朝，更是盛极一时，官民同欢，赏灯持续五天。而明朝，朝廷给百官赐假十天，欢度佳节，这恐怕是历史上最长的元宵节假期了吧？那你一定想知道，那时候的元宵节到底有多热闹呢？中国国家博物馆收藏了一幅来自明朝的画卷，生动展示了明朝皇家元宵节时的情景。这幅画就是大名鼎鼎的《宪宗元宵行乐图》卷。

《宪宗元宵行乐图》卷有6米多长，展开来看就像一幅幅连环画，不但有各式各样的人物，还有杂技、魔术、烟花爆竹表演等，别提多热闹啦！

仔细观察，你会发现这幅长画里，每个场景中都有宪宗皇帝的身影。他有时坐着，有时站着，津津有味地欣赏着各类庆祝活动。奇怪的是，皇帝在每个场景里的衣服都不一样，为什么在同一幅画里皇帝会穿不同的衣服呢？

原来，这幅长卷描绘的是皇帝一整天的活动场景，参加不同的活动需要穿不同的衣服。画卷的内容非常丰富，以庭院红墙隔开分成三段，每一段都有不同的主题。

在最右侧的第一段中，宪宗头戴黑帽，穿着浅青色绣金龙袍，坐在殿前的黄色幔帐中，慈爱地看着大殿下的童子和太监燃放爆竹。

第二段中，宪宗换了一身绣金龙黄袍站在大殿前。因为宪宗喜欢新奇好玩的事物，为了让皇帝开心，大臣们绞尽脑汁想出了一个新玩法：将民间的街头场景搬到紫禁城内，让皇帝足不出户就能看到民间的街头风貌。于是，挑着担子的货郎来啦！货郎车上稀奇古怪的玩意儿和各种小吃，吸引了一群儿童前来观看和购买。

第三段可就更热闹啦！花样繁多的表演如同精彩的联欢晚会，杂技、魔术、乐器演奏等节目一个接着一个，令人目不暇接。穿着浅黄色龙袍的宪宗兴致勃勃地坐在大殿前欣赏节目，好像还不时地给出点评。

元宵节当然少不了花灯。画面中的松竹后面就矗立着一座壮观的灯山，据说它是仿照巨鳌（神话中能驮起山的大龟）的形状建造的，因此称"鳌山灯棚"。用松柏树枝扎成的灯棚上挂满了各种造型的花灯，美丽极了。

那么，这么丰富的内容，宫廷画师是如何记录下来的呢？据说，元宵节这天，宫廷画师们从早到晚，都要跟在宪宗皇帝身边，努力观察各种热闹的场面和细节，再如实记录下这一切，最后认真绘制，才形成了这样精美的画卷。

国宝档案

《宪宗元宵行乐图》卷

年代： 明（公元 1368—1644 年）

材质： 绢本

尺寸数据： 横 624 厘米，纵 37 厘米

收藏地： 中国国家博物馆

《宪宗元宵行乐图》卷（局部）

《宪宗元宵行乐图》卷

延伸阅读

明宪宗是个什么样的皇帝?

明宪宗朱见深是明朝的第八位皇帝,年号成化(公元 1465—1487 年)。明宪宗治理国家的本领很糟糕,但喜欢奢靡的生活,追求新奇刺激。他经常和自己宠爱的万贵妃饮酒享乐,不理会国家大事。明宪宗非常喜欢艺术,热衷于瓷器,他让景德镇御窑厂烧制的斗彩瓷器极其精美,即历史上著名的"成化瓷"。

明宪宗还有一个爱好,他喜欢让宫廷画师描绘他的生活,于是就有了这幅《宪宗元宵行乐图》卷。通过画作,人们可以了解明朝的民俗、服饰等物质文化和社会生活,《宪宗元宵行乐图》卷是不可多得的兼具历史价值和艺术价值的瑰宝。

民间百姓的元宵节是什么样的?

比起等级森严的皇宫,民间当然更自由啦,人们也没有那么多规矩。忙碌了一年的人们会在元宵节纷纷走出家门,逛街、赏花灯、看杂耍,集市上人山人海,人们都沉浸在节日的喜庆气氛中,别提多开心了。明朝的风俗画《上元灯彩图》就再现了明朝中晚期金陵地区百姓过元宵节的热闹景象。

《上元灯彩图》是一幅佚名古画,描绘的是明朝中晚期金陵元宵灯市与古董贸易相结合的集市活动,是明朝风俗画的代表作之一。鳌山巨灯位于画卷的中心,可见宫廷和民间都喜欢这种豪华的灯山。画面中熙熙攘攘的人群,看起来比《清明上河图》还要拥挤呢。如此浓郁的节日气氛也从侧面反映了当时金陵的富庶安逸。

这个胖娃娃为什么可以当枕头？

故宫博物院收藏着一个十分特别的物件，当年深得乾隆皇帝的喜爱。乾隆皇帝还专门为它写过诗。它就是定窑白釉孩儿枕。

这是个娃娃造型的瓷枕头，在古代人们把这种枕头称为"孩儿枕"。古时侯没有空调和电扇，到了炎热的夏天，简直难以入睡，于是乾隆皇帝就爱上了这样一件可爱的瓷枕。这个"枕头"，色泽乳白，造型是一个睁着圆圆的眼睛的胖乎乎的小男孩，悠闲地卧在椭圆形的床榻上。娃娃的脑门宽阔，双耳肥大，耳垂饱满，鼻子小巧挺直，是古人心中的"富贵"形象。

这个胖娃娃小手交叉环抱，一手还拿着绣球，他把圆鼓鼓的脑袋枕在手上，就像玩累了要休息一样。他的背弯弯的，变成了枕头的枕面，可以把头枕在上面睡觉。

瓷枕是我国古代瓷器中的特殊器物，最早出现在隋朝，唐朝时已经非常流行，成为人们喜爱的床上用品。这种瓷枕前低后高，无论是仰卧还是侧躺，都可以有效支撑头部和颈椎。

瓷器质地温润清凉，具有散热的效果。古人认为，瓷枕清凉沁肤、爽身安神、明目益睛，可以让人安然入睡。

乾隆皇帝喜欢的这件孩儿枕，是北宋时期定窑烧制的，娃娃形态天真可爱，神情惟妙惟肖，是一件不可多得的艺术珍品。不过，看上去生动有趣的孩儿枕制作起来可不容易。因为陶瓷质地脆弱，在1000多摄氏度的高温烧制过程中，非常容易损坏。而且，有"印花之冠"之称的定窑瓷器，非常讲究刻花印花装饰，工序就更复杂了，生产时必须非常小心，否则就会前功尽弃。

你看，小小的枕头蕴藏着古人多少智慧。孩儿枕不但好看，还非常珍贵，它见证了中国古代瓷器的发展和古人纯朴而有趣的生活方式。

定窑白釉孩儿枕
年代：宋（公元960—1279年）
材质：陶瓷
尺寸数据：长30厘米，高18.3厘米
收藏地：故宫博物院

国宝档案

文博小课堂

定窑

定窑是宋朝五大名窑之一，窑址在今河北保定曲阳涧磁村及东燕山村、西燕山村一带，这里在宋朝属定州范围，所以称"定窑"或"定州窑"。定窑在唐朝时已开始烧制白瓷，宋元时期发展繁荣，北宋后期曾为宫廷烧制瓷器，元朝逐渐衰落。定窑以烧制白瓷著称，同时也烧制一些黑釉、酱釉、绿釉瓷器，多以刻、划、印花和描金花等技法进行装饰。定窑发明了覆烧技术，大大提高了瓷器产量。

最爱枕着孩儿枕睡觉的皇帝

清朝的乾隆皇帝非常喜爱孩儿枕。据清宫造办处档案记载，六十多岁的乾隆皇帝在 1773 年到 1775 年间，多次提看定窑孩儿枕，并命人为瓷枕制作木座和垫等物品。在他所写的歌咏瓷器的诗中，有多首是关于孩儿枕的，可见他对孩儿枕的喜爱程度。由于瓷枕是空心的，摇晃时会发出声响，乾隆皇帝认为，这是警示皇帝要努力工作，不能贪睡，所以又将这种枕头视为"警枕"。

瓷枕都是白胖孩儿形状吗？

唐宋时期，瓷枕非常流行，南北方的瓷窑都曾大量烧造瓷枕。除了白釉之外，还有黑釉、青釉、青白釉、黄釉、绿釉、三彩等。瓷枕的造型非常丰富，不仅有长方形、八方形这样的几何形状，还有银锭形、如意形、动物形、仕女形、白胖孩儿形等形状。其中，"孩儿枕"因为有"得子"的美好寓意，非常受欢迎。

黄釉黑彩题诗虎枕（金）

皇帝为什么喜欢
这套"农耕连环画"？

　　"春种一粒粟，秋收万颗子"，这是古诗《悯农》里的诗句。春天，农民伯伯把种子播撒到土地里，到了秋天，会收获很多粮食。但是，从"一粒粟"到"万颗子"并不容易，凝聚着农民伯伯无尽的辛劳汗水。那么，农民伯伯是如何把"一粒粟"变成"万颗子"的呢？有一套古代的"农耕连环画"可以告诉我们答案，因为它生动展现了农业耕种的全过程，因而被称为"中国第一部农业科普画册"。

　　这套"农耕连环画"名叫《耕织图》，最早是由南宋的一位名叫楼璹（shú）的县令画的。农人的耕种和蚕织工作十分辛苦，各地之间的生产技术也不太一样，这位县令就萌生了将耕作和蚕织场景绘制成画记录下来的想法。为了画好这些画，他走访多个乡，深入田间地头和农民家里观察记录，向技术精湛的农夫蚕妇请教种田、植桑、织帛的生产经验。

　　根据收集到的大量资料，他将耕织的重要操作步骤都画了下来，从"浸种"到"入仓"一共画了21幅"耕图"，从"浴蚕"到"剪帛"一共画了24幅"织图"，每幅图都配了一首诗，用来说明图中的内容。45幅图按顺序连起来就是一本完整的"耕织图"，其中记载的很多农耕方法和生产工具直到今天都还在使用呢！

县令将这套图文并茂的"连环画"呈献给皇帝宋高宗，宋高宗非常喜欢，认为这是了解民间耕织生产的重要参考资料。他要求官员们学习临摹，体谅农民生产的不易。在皇帝的推动下，南宋时期，各府、州、县的衙门墙壁上都绘制了耕织图，供更多的人学习。此后，历代都有耕织图的摹本，各种版本的耕织图不断涌现。

清朝是耕织图创作的高峰期，从宫廷到民间，绘画、石刻、木刻等各种形式的耕织图层出不穷。故宫博物院收藏了一套康熙皇帝亲自参与创作的《御制耕织图》。这里的每一幅图都像是一张老照片，记录着在没有播种机、插秧机、收割机等现代化机械的古代，农民是怎样使用当时的农具种出粮食的。而擅长桑织的女子则养蚕缫丝，用高超的技术和当时的先进机器，把细蚕丝变成漂亮的衣服。

1689 年，康熙皇帝去江南考察时，收到了很多礼物，这其中就有耕织图。一向重视农业生产的康熙皇帝被生动有趣的图画吸引了，皇帝认为这是鼓励耕织劳动最好的宣传册。于是，他命令宫廷画师焦秉贞也画一套。

焦秉贞认真研究了耕织图后，根据清朝耕织技术，在原有的耕图中增加了"初秧"和"祭神"两幅图，在织图中删除了"下蚕""喂蚕"和"一眠"三幅图，增加了"染色"和"成衣"两幅图，这样耕图和织图就分别有 23 幅。康熙皇帝不仅为每幅图题写了一首七言绝句，作了序文，还命令木刻家刻成版画，印发推广。

"耕织"在中国古代非常重要，古代农耕图最早可以追溯到新石器时代的岩画，后来在先秦的青铜器、汉朝的画像石以及魏晋墓室壁画、唐宋佛窟壁画中都出现了不同形式的农业生产生活图，再现了当时的场景。随着社会生产的发展进步，类似耕织图的农书出现，更系统地记录了古代农耕、采桑纺织等农事活动。这些耕织画将千百年来中国古代农业、科技、民俗用绘画方式记录下来，成为再现中华农耕文明的艺术瑰宝。这些连环画简单易懂，即使不识字的人也能看懂，还为今天的我们清晰还原了千百年前的生活场景，真是了不起的艺术作品啊！

《耕织图》中的耕织场景

《御制耕织图》题诗中的耕牛故事

《御制耕织图》（清康熙三十五年内府刊本）中有一幅耕图介绍农业生产工具，画面表达了农民劳动和牛勤奋耕作的场景。

题诗的最后一句"渐暄牛已喘，长怀丙丞相"是关于牛的典故，丙丞相指的是西汉时期的丞相丙吉。据《汉书·丙吉传》记载，有一年暮春时节，丙吉外出，在路上遇到行人打架斗殴，丙吉看到后不管不问，让车夫继续赶路。过了一会儿，又遇到一位老农和一头牛，那头牛步履蹒跚、气喘吁吁，丙吉马上让车夫停车，询问牛的情况。随行的人特别不理解，问丙吉为什么重视一头牛而不去管那些打架的人。

丙吉回答说，丞相是朝廷的大官，应该关心国家的大事，行人打架斗殴，有京兆尹等地方官处理就可以了，不用丞相处理，丞相只要考察他们做得好不好，有功则赏、有罪则罚就可以了。但耕牛不一样，现在是春天，还没到热的时候，如果牛气喘吁吁，那可能是天气不正常，今年的农业生产就可能受到影响，如果农业收成不好，就会影响到老百姓的生活。

你看，小小的一头耕牛，直接关系着国家农业生产和老百姓的生活。这也从侧面反映了中国古代社会对农业的重视，是农耕文明的一个缩影。

《蚕织图》

《蚕织图》是南宋高宗时宫廷画师根据楼璹的《耕织图》绘制的摹本。画面通过 24 个场景，全景展现了工人从养蚕到纺丝成衣的劳作情景，高宗的吴皇后在每幅图下都用小楷题写了说明文字。这幅珍贵的作品流传到清朝，乾隆、嘉庆、宣统等皇帝都在画作上留下了题跋印记，现在收藏在黑龙江省博物馆，画心横长 513 厘米，纵 27.5 厘米。

国宝档案

《御制耕织图》

年代：清康熙三十五年（1696 年）

尺寸数据：每页横 34.7 厘米，纵 27.7 厘米，图框 24.4 厘米 × 24.4 厘米

收藏地：故宫博物院

成语小课堂

男耕女织

在古代家庭中，一般男人负责种田，女人负责养蚕织布，成语男耕女织反映了古人家庭分工生产劳动。

《蚕织图》（局部）

后记

　　亲爱的小朋友，当你读完这本书后，有没有为古人的智慧和创造力所折服？你看，人类辉煌而悠久的文明，有时就藏在这些或平凡或尊贵的宝藏器物里。人们怎么取水、喝水，怎么驯化动物、种植粮食，怎么制作出做饭、吃饭和储藏的器物，怎么在器物里发展出中华礼仪，怎么在器物上刻印对美的感悟、留下美好的生活场景……

　　这一切，都不是文明的注脚，而是文明本身最丰富的内容，它一直延续到今天，滋养着我们的生活。

　　历史是古老的，而我们的生活在文明的传承下，越来越丰富多彩！